卡琳・西蒙奈／文　　伊莎貝爾・瑪洛杰／圖　　許少菲／譯

給孩子的解答之書

解開孩子
好奇心的
60個問答

我是一位心理學家，已經與孩子相處二十五年了。

孩子是透過問自己問題和問大人問題，來認識這個世界。這些問題對大人也一樣重要，因為大人得要能夠回答這些問題，儘管問題總是不簡單。

這本書裡，我收集了六十個小學生的疑惑，這些問題都會讓你有所感觸，例如人生、情緒、愛情、友情、死亡、學校、家庭、社會生活、害怕、信任等。

這本書提供的是我在諮商時回答小朋友的答案，你也可以跟爸爸媽媽討論，然後找到屬於你自己的答案。

等到有一天，你覺得這是最好的答案之後，隔天再繼續尋找另一個疑惑的解答。重點是你們彼此要一起思考、一起分享，並且樂在其中。

希望這本書可以幫助你，並且陪伴你度過人生中的好奇時光。

卡琳・西蒙奈

目録 Contents

快樂是什麼？

　　卡拉希絲，快樂是一種正面情緒，讓你身體健康、覺得溫暖，你會保持微笑，感受到喜悅和自信。有點像是在補充維他命之後，你所感覺到的好心情，讓你容光煥發！

　　如果你有觀察到這些，下次當你感覺到快樂的時候，你將會重新出現這種情緒，然後你會告訴自己：對！這就是快樂！

　　重要的是，**必須把快樂的時刻記錄下來，因為大部分的時候，我們都只會記住讓我們傷心或生氣的事。**

　　你可以想像，有一台相機隨時在幫你記錄下每一個快樂的時刻，這就叫做「瞬間遊戲」！當你晚上睡覺的時候，你可以把眼睛閉起來，讓一天的快樂時刻像照片一樣一張張閃過腦海。這個遊戲可以幫助你練習如何創造快樂的情緒，就像是把快樂的回憶印在腦海裡一樣。

　　這些快樂的片段將會留在你心裡，讓你能做個美夢。

　　卡拉希絲，我要告訴你一個祕密：我知道快樂藏在哪裡！當你呼吸的時候，在你的一呼一吸之間會有瞬間的停頓，你有感覺到嗎？對！快樂就隱藏在那個瞬間。

　　就像潛水一樣，你必須吸氣、吐氣，往自己內心的深處去找，在那個小小的安靜空間裡，你將會找到它。

為什麼我們要活著？

這是個大問題，露西！我會試著給你一個答案，不過這個問題會根據個人想法的不同，而有很多不一樣的答案。

我想告訴你，**我們之所以活著是為了成為我們自己。也就是說，我們的內心有一座寶藏，活著或許就是為了發現它。**

試著想像一下，為了找到寶藏，你將開始一趟祕密任務。

為什麼是祕密？因為寶藏在你內心的花園裡，你將在那裡找到屬於你的寶藏。

然後，你會發現生活就是一個實驗室，你在裡面做各種不同的實驗，並且從中找到關於快樂與悲傷、幸福與不幸的經驗。每一種經驗就像一把鑰匙，它們將幫助你打開一扇扇通往寶藏的大門。

但是寶藏到底是什麼？露西，你是這麼問我的。

當然，內在的寶藏是沒有形狀的，我可以這麼跟你描述：寶藏就像是你即將創作出來的作品，按照你自己的心意和你的生活方式，一點一滴被創造出來。

這將會是一件對你來說很棒的作品，並且會給予你人生意義。當它給予你人生意義的時候，你就會知道為什麼我們要活著！而這不就是你的問題嗎？

我們每個人都可以為自己、他人、地球或更美好的世界發揮作用！無論多大或多小，因為我們所有人都是創造者，露西。

你將會發現屬於你的任務！

為什麼我們會有感情？

　　可露，在我回答你的問題之前，我想先幫你分辨感受與感情的不同。

　　感受就如同一種訊號，它藉由身體通知我們外在情況的轉變，這種情形通常不會維持超過兩分鐘。

　　可露，你說的感情，是感受經過時間累積演變而來的。

　　感受與感情是相互連結的，想像一條打結的線，感情就是那條線，感受就是上面的結。舉例來說：你去叔叔家時，他們家的狗狗朝你狂吠，你因此感到害怕。這種害怕的情緒是因為你感受到危險，狗狗可能會咬你。接著，如果你每次看到狗狗，都經驗一次這種不安全感，那這種感受將會變成一種感情。

感情會隨著時間出生、長大，也會消失。我們的生活伴隨著很多不同的感情，例如愛情、嫉妒、怨恨、欲望、生氣、溫情、快樂、信任等。感情就如同你記憶中的照片，當你與某個人、某種動物，或大自然相處時，它可以**幫助你去感受每個珍貴的時刻**。

　　你問為什麼我們會有感情？**因為我們是人啊！**一個沒有感情的人，就像是心裡破了洞一樣！感情讓我們更能活在當下。

　　感情讓我們生活在一起，一起說話、互相了解，並且讓我們有同理心。感情可以幫助我們更加認識彼此，更能夠了解對方的感受和彼此的需求，這會讓我們能很好地相處在一起。

　　可露，你爸爸媽媽的愛情，就是一種很深刻的感情。這樣的感情會成為支持你成長的樹根，讓你有足夠的安全感，並且能自信堅強地長大。

　　同時，你也可以將感情傳播給身旁的人，把它分享出去。

為什麼
我會對別人懷有惡意？

安東尼，**對別人懷有惡意這叫做偏見。這些偏見都是你自己製造出來的對別人的想法**，例如對朋友、對爸爸媽媽，或對其他人，這些看法來自於你過去所學到的、看到的和聽到的。

這就好像你帶著一副歪曲的眼鏡來看人，這個人的背後被貼上像是壞人、懶豬、騙子、任性、愛做夢、濫好人等標籤。

通常當你不喜歡一個人的時候，就會幫他貼標籤。例如你遇到一個跟你不一樣的小朋友，他可能讓你感覺到有一點害怕，這時候你就很容易把他可能是如何如何的標籤貼在他身上。

但是，你要知道，別人也同時帶了一副歪曲的眼鏡在看你，然後對你有偏見。

你可以跟朋友玩一個有趣的遊戲，你先說一件毫無疑問是錯誤的事，然後聽聽別人的想法，你可能會對別人相信你說的話而感到驚訝！

或許，你可以試著多思考一下，因為我們的眼盲耳聾常常都是偏見造成的。**為了能夠看得更清楚、聽得更明白，就必須先把偏見丟掉！**

帶著你的勇氣去執行吧！

好學生

生氣的時候
是什麼樣子？

　　艾瑪，生氣是一種讓你感覺到不愉快的情緒反應。例如當爸爸媽媽拒絕你的時候、當同伴煩你的時候、當你覺得事情不對的時候，你會感到難過而且說不出話來。

　　當你隱藏過多的怒氣時就會爆炸，像爆米花一樣！

　　為什麼會像爆米花？因為生氣的情緒就如同玉米粒，只要一加熱就爆開了。

　　生氣的時候你的臉會漲紅，然後你會開始尖叫、大哭，你的怒氣完全爆發。

　　為了避免自己變成爆米花，艾瑪，我建議你可以做一種「人行道練習」；在過馬路之前，你會先在人行道上停下來，並且注意是否有車子才會過馬路。

當你感覺到身體出現生氣的種子時，就可以做一下「人行道練習」；停止你正在做的事，然後觀察一下發生了什麼事。你可以問自己：「為什麼我會處在這樣的情況裡？」「我可以怎麼說出自己的感覺？」如果你有親近的朋友或長輩，他們可以幫助你不要爆炸。

　　如果沒有人可以幫助你，你可以試著深吸一口氣，感受自己的呼吸。**當你吸氣的時候，去想你生氣的原因；當你吐氣的時候，就把這個原因用最輕柔、最緩慢的速度吐出去。**

　　呼吸可以幫助你找回冷靜，讓你不會變成爆米花。

　　然後，你就可以過馬路，繼續往前邁進。

我聰明嗎？

　　昂左，你會問這個問題，就代表你是聰明的孩子。你看，好奇就是你聰明的證明，不會是因為成績不好所以你不聰明。你又問：好吧！但是要怎麼樣才可以變聰明？

　　聰明是指一個人的生存能力，早期的人類為了避免生存空間被消滅，於是培養出對環境的良好適應能力，這是一種天賦。

　　而且你知道嗎？這種生存能力也出現在動物和植物身上；

雖然植物沒有大腦，但它們還是有適應環境的能力。

聰明就像是裝滿各種才能的寶盒，讓主人能夠靈活運用。例如你的寶盒裡可能會有：理解的能力、學習的能力、自我適應的能力，同時還有好奇心、對世界和他人的感知等。

你必須好好運用這些才能，並且增強這些能力：去上學、在大自然裡散步、跟同學玩、騎腳踏車、學習樂器、跟爸爸媽媽撒嬌等，都可以豐富你的聰明才智。

但是，昂左，我要提醒你一件重要的事，**不要浪費你的天賦才能，你必須一步一腳印的努力。**

你聽過「龜兔賽跑」的故事吧？烏龜說要跟兔子來場賽跑，而且烏龜有自信可以贏得比賽。兔子接受了，因為牠很清楚自己跑得比烏龜快多了，一定可以獲勝。比賽開始了，在比賽期間兔子做了很多事情來娛樂自己：吃喝玩樂加睡覺。

反觀烏龜，牠集中注意力，用毅力與耐心一步一步往前走，最終贏得勝利。

昂左，**努力的意思，就是能在特定時間內專心一致，在過程中不灰心喪志，**努力後的果實就會等著你的到來。沒錯！你很聰明，而且又肯努力，你的聰明將會變成你的超能力！

為什麼我們要忍受痛苦？

亞瑟，這是個大問題，我會試著讓你知道我們為什麼要忍耐。

首先，生理上的痛覺很重要，它不只提醒我們要小心，也同時標示了我們能夠忍受的臨界點。大腦會反應痛的感覺，當你的手摸到熱鍋的時候，你會覺得不舒服，馬上把手縮回來。這是因為大腦警告你有危險，而且大腦會記住這種感覺，並且在下次危險發生時提醒你。

我們的心理狀態跟大腦有點相似，它會反映出我們的容忍度，讓我們做出改變。**辛苦的時刻可以讓我們成長，它幫助我們找到自己的內在潛能，並將這些能力發揮出來。**我們的求生本能，會幫助我們找到解決辦法，讓我們在溺水前能夠抓住救生圈。

亞瑟，當然沒有人願意忍受痛苦；有些人甚至認為忍受痛苦是懦弱的表現，不過忍受也可能轉變成其他形式。

我要告訴你一個非常美麗的例子，你知道珍珠嗎？你回答我是媽媽戴的項鍊！

珍珠來自牡蠣的產物，有點像是意外的收穫。當沙子跑進

牡蠣殼的時候，牡蠣為了保護自己，會在沙子的四周製造出珍珠質來保護自己，珍珠就是經由防護來抵抗痛苦而形成的美麗結果，就像你媽媽的珍珠項鍊一樣。所以，珍珠就是癒合的傷口。

沒有經歷過傷害的牡蠣，是生產不出美麗珍珠的。亞瑟，人生中因意外所產生的傷口，有可能會轉變成最美麗的東西。

因為我們有忍受痛苦的能力，才能夠創造、發現解決的辦法，來繼續我們的生活。

如果人生總是簡單幸福，那我們就不會得到更好的生活。無法忍受痛苦這件事，或許就會變成一件辛苦的事了喔！

媽媽，
你脖子上
的項鍊
好漂亮喔！

為什麼喜歡對方就要親親？

愛麗絲，當我們互相喜歡的時候，會用親親來表達我們的感情。

親親是一種魔法喔！我跟你說為什麼。

當媽媽親你的時候，你有什麼感覺？你會覺得很好、你會放鬆下來、你的心會變溫暖、你會有自信，**所有這些反應都來自一種荷爾蒙，它是小信差，叫做催產素。**

當媽媽擁抱你的時候，催產素就會傳到你的身體裡，並且散布出正向訊息，例如「媽媽愛我」、「我也是」、「我的心裡充滿愛，可以傳播給其他人」。你會看見生活裡到處充滿愛，這就是為什麼我們也稱它為愛的荷爾蒙。

所以，親親同時也是一個化學效應！

當你越常親別人，你就會越來越常做這件事，並且希望對方也這麼回應你。你會感到被愛、有安全感，然後發現自己長出了翅膀！很神奇，不是嗎？

愛麗絲，你有喜歡的人了嗎？噓！不要告訴我！

為什麼我覺得
我對同學的詛咒
會成真？

雨果，你說當你對同學生氣時，會想要詛咒他，然後又害怕你的詛咒會變成真的。或許，你會後悔自己的詛咒，這就代表你的內心很善良。

我們小時候總是充滿魔力，說出來的某些話、做出來的某些事，對孩子們來說都帶有改變現實的力量。長大之後，這種充滿魔力的想法消失了，但是我們多少還是會被這樣的想法影響；就是因為這樣，所以你才會覺得如果詛咒同學，這個詛咒就會成真。

雨果，你要知道，所有在腦袋裡的東西，就只會待在腦袋裡！沒有人會知道你在想什麼，那些想法不會傷害你同學，即使你對他非常生氣。幸好我們沒有這種超能力！

還有，你說害怕如果做了鬥雞眼，眼睛就會回不來；或是從梯子底下走過去會招來厄運。這些都是迷信，不會發生的。

雨果，我們的腦袋是一台製造想法的機器，包括所有的想法，不管是好的還是壞的。

你是這些想法的主宰者，你可以觀察它們，如果有些想法讓你覺得被卡住了，那就從裡面篩選出你想留下來的就好。

試著想像一下，你正坐在河邊，河裡面有一些小樹枝漂浮在上面，隨波逐流。這些小樹枝就是你的想法，你看著它們經過，這時候你問自己：「嗯……那些蒙蔽我雙眼的小樹枝，我要留著它們還是丟掉？它們會給我帶來好處嗎？它們有用處嗎？噢，沒有！好吧！我要把它們丟進河裡。」

雨果，這可以幫助你，別被腦袋裡的所有想法給卡住了！

時空旅行
是可能的嗎？

喔！艾蜜莉，這是個特別的問題。我無法用科學的方式回答你，因為這不是我的專業。不過，你相不相信，你可以在自己的想法、夢想還有回憶裡做時空旅行？

你看，因為有記憶，你可以自由參觀那些回憶，就像回到過去。同時，你還可以計畫明天要做的事，帶著你的夢想，你可以創造出夢想中的世界，去任何你想去的地方。

艾蜜莉，但你想要我跟你保證坐在椅子上就可以穿越時空，不過事實是過去的事情不會再發生，而未來也還沒有出現。

例如當你想到昨天你跟同學安東尼吵了一架，你就回到過去了，你從記憶中浮現出這一段回憶。回到過去很有用，因為它可以幫助你重新思考，當時的行為到底對不對。

關於未來也是一樣，當你想到下一次的夏令營時，你是處在未來。這可以讓你提前做好準備，想想看要把哪些東西裝進行李箱，並且做好計畫。

不過，艾蜜莉，時空旅行不總是那麼好玩喔！

事實上，**如果你太常回憶過去，會讓你感到後悔和傷心；如果你總是幻想未來，就會變得焦慮，對所有事情都感到擔心。**

唯一能讓我們感覺到活著並且存在的事情是現在。此時此刻的現在很快就過去了，必須緊緊把握住它，好好利用！

現在就是我們存在的此刻，這個當下我們在一起！

我會是
人生勝利組嗎？

人生目標：
- 搞笑
- 有真心且忠誠的朋友
- 對在做的事感到高興
- 有一個吊床

維爾莉特，在你提出這個問題的當下，我就想告訴你：會的！**從今天開始，每一天都是邁向成功人生的一小步。**

　　但是，對你來說什麼是成功的人生？你要知道，每個人對成功的定義都不一樣。你可以把自己的定義寫在筆記本裡，等長大一點的時候拿出來重讀，這會很有趣。

　　維爾莉特，你的敏銳讓你可以感受到世界的美麗、驚奇，變得有好奇心；你會因此想要去探索、去學習並且發現新事物。

　　用你的欲望、渴望、夢想、熱情和直覺，來營造成功的人生吧！這些特質也可以讓你與其他孩子更親近。你會跟他們一起長大、帶給他們活力，並且在長大之後實現夢想。

　　如果你持續前進，你的生活將帶給你無窮的樂趣，讓你感到愉快與歡笑，維爾莉特，人生將會回饋給你你所需要的。

　　有好好聽清楚了嗎？

為什麼我覺得媽媽比較喜歡妹妹？

亞莉西雅，你覺得媽媽比較喜歡妹妹，那是因為媽媽覺得妹妹比你小，所以需要更多照顧。

你會這麼想，或許是因為你在嫉妒妹妹，你覺得她擁有比你更多的東西。**你會有嫉妒的感覺，這表示你是有感情的，**同時也顯現出你對愛的人有強烈的占有慾。

不過要小心，嫉妒也會點燃你生氣的種子！

　　亞莉西雅，我想要向你保證，媽媽的心是有彈性的，會因為有了孩子之後漸漸變大。也就是說，在媽媽的心裡，你跟妹妹所占的位置是一樣的。

　　媽媽必須多照顧妹妹一點，是因為妹妹有很多事都還不能自己做，例如穿衣服、吃飯，不過媽媽並沒有偏心妹妹；**愛不是用時間來計算的**。

　　亞莉西雅，你剛出生的時候，很幸運能獨占媽媽，因為那時候爸爸媽媽就只有你一個寶貝。妹妹就不是這樣了，但是**她很幸運有你，擁有一個姊姊，是多棒的禮物啊！**

　　當你覺得心裡充滿嫉妒的火焰時，可以去告訴爸爸媽媽。他們會好好抱抱你，你們會覺得在一起的時刻非常愉快。有時候，你也可以想想，有什麼事是可以幫爸爸媽媽做的。分享爸爸媽媽的愛、所有兄弟姊妹生活在一起，這些都不是容易的事，亞莉西雅。經歷過這些事情之後，你會變得更強壯。

　　告訴自己你是獨一無二，而且爸爸媽媽對你的愛也是！

我該如何
讓自己有自信？

馬克西門，這是個好問題！我們確實常聽到要有自信，不過到底該怎麼做呢？建立自信，就像是用一磚一瓦蓋城堡，是需要花時間的，甚至有時候得花一輩子的時間。

自信的基礎來自於爸爸媽媽的愛，以及你周圍的大人跟所有正面的經驗，這些都會是你用來蓋城牆的石頭，每一天的每一塊石頭都很重要。

為了幫你建立自信，你可以找一個自己喜歡的袋子。這個袋子將裝滿石頭，但不是所有的石頭！你可以裝進：

- **成功的石頭：**例如自己綁鞋帶、拿到好成績、完成拼圖。
- **努力的石頭：**無論大小，只要讓你感到有自信的，例如熟記九九乘法表、演奏一首困難的曲子、鋪床。
- **優點的石頭：**例如你的耐心、你的友善、你的好奇心、你的努力，還有你得到的稱讚。

你還可以把讓你感到高興的石頭丟進袋子裡，例如有很疼愛你的爸爸媽媽、好朋友、美麗的房間，並且寫下你喜歡這些的原因，和讓你感到快樂的理由。

自己綁鞋帶！

喔！
完成！

　　把這些記錄在一張紙上，或把值得紀念的物品放進袋子裡；隨著袋子越裝越滿，你的自信也會越來越充足。

　　在你感到難過、生氣或無聊的日子裡，把你的袋子找出來，然後將裡面的石頭裝進你的心裡。你會在無意之間挖掘出你城堡裡的小石頭，它們可以幫助你找回自己的優點與寶藏。

　　自信的祕密就是讓自己變得更好、與他人更加親近，還有對美麗的世界敞開心扉。

如果失去心愛的人，
我該如何活下去？

　　路易，你問我如果失去心愛的人該怎麼活下去？如果不再去想他，是否一切都會回到以前的樣子？

　　死亡是一種創傷。請你想像一下：你跌倒了，膝蓋非常痛，傷口裂開而且在流血。一開始你會被嚇到，你必須忍受疼痛，而且覺得自己無法抬起腳來，更不可能站起來。你的身體會啟動防衛機制來修復傷口，疼痛會一天天減弱，傷口也會逐漸癒合結痂。然後，結痂的地方會越來越小，最終自行脫落。不用懷疑，痊癒後的膝蓋會留有一個疤，每次當你看見疤痕，就會想到疼痛的回憶。

　　所以啊，路易，如果你失去一個親愛的人，你受傷的感覺就是像這樣。**你會非常悲傷，然後時間會一點一滴癒合你的傷痛。**你會繼續你的生活，因為時間不會停止；你不會過得跟以前一樣，因為在你心裡存在著這個傷痕。不過**傷痕本來就是人生的一部分，它展現出我們經歷過的勇敢。**

　　我們從來不會因為心愛的人死了就忘記他，他們永遠都會在我們心裡占有一席之地，而且會永遠活在我們的回憶裡。

　　不過，路易，你不會馬上就停止想念。一開始，你會非常想念，然後慢慢減少。

　　不過沒有關係，因為重要的不是你花很多時間想念他，而是你們一起相處過的時光。

我長大後會變醜嗎？

迪亞哥，美醜是很主觀的概念，也就是說，美醜完全是個人意見，例如你會覺得哪位朋友很漂亮、哪位同學很醜。

當你照鏡子的時候，你不會只看到自己好的一面，我們很難看見真實的自己。一般的情況是，我們都只會注意到自己的缺點：大鼻子、小眼睛、突出的耳朵等。

迪亞哥，你如何看待自己，取決於你對自己身體的態度。如果你有照顧好自己的身體、梳理好頭髮、穿上喜歡的衣服，你就會發現自己很帥。

不過很幸運的是，**美麗並不只是來自於身體和外表，還包括你所散發出來的魅力。**你會因為好心情而微笑，也會因為幽默感而讓自己有魅力，魅力也是美麗的一環。

友善、大方、關心他人等，都是美麗的必要條件，它們會讓你的臉和心都發光！

說到醜，迪亞哥，我想這應該就不需要多說了。這有點像是美女與野獸的故事，每隻野獸的背後都有一位王子。要知道，**最好的方法就是做你自己，不要過於追隨某個形象。就如同你所知道的，形象是可以改變的！**

放心吧，迪亞哥，你不會因為長大就變醜！對某些人來說你永遠都很帥。就像你的爸爸媽媽，他們覺得你是世界上最帥的！

為什麼生病
會讓脾氣變壞？

　　諾亞咪，你朋友魯本生病了，毫無疑問這會讓他憤怒，因為他覺得生病這件事很不公平。雖然憤怒讓他脾氣變壞，不過你要知道，他心裡一定很難過。他因為生病變得不幸，而且他一定很害怕自己的病。除了你看到的魯本很兇之外，背後的這些原因都很重要，**你得試著站在他的立場去理解他的生活。**

　　生病就像一個火球，火球裡有害怕、恐懼、悲傷、憤怒。他覺得為什麼其他人沒有像他一樣生病，他會覺得不公平、感到受傷、認為自己跟別人不一樣。很多情緒都會讓他變得很糟糕，壞脾氣這件事，就像是他想把火球丟到別人身上。

諾亞咪，我建議你去探望魯本，然後告訴他，他對你發脾氣這件事讓你感到很難過。或許他也覺得很難過，如果他願意的話，你們可以聊一聊。如果他不想跟你說話也沒有關係，最起碼他知道你就在那裡。我建議你可以跟他說：**雖然我無法分擔你的病痛，但是我們可以一起分享快樂的時光。**

　　諾亞咪，當我們在忍受痛苦的時候，是很難用文字表達出來的，但是如果我們知道還有朋友在身邊，而且是一位不會批評你，並且接受你本來樣子的朋友，這會讓我們舒服很多。

　　那你呢？當他對你發脾氣的時候，你要勇敢一點，不要也憤怒地回應他，你會為自己能理解他，並且走到他身邊去幫助他而感到驕傲。

為什麼我會害怕
考試成績不好？

　　盧卡斯，你覺得成績代表你的個人價值，但其實成績不好，並不代表你就是個糟糕的人。**不需要把自己侷限在學校課業，你的生活不僅止於此。**

　　當你越害怕面對考試，大腦就會當機越嚴重，腦袋裡的東西會亂成一團，然後你覺得自己把讀過的東西都忘記了。

　　好好告訴自己不要擔心，告訴自己為了得到好成績，你已經做了很多準備；但是如果事實不是如此，也沒有關係。

　　重要的是，你有在能力範圍內盡力就好。**不需要責怪自己，否則你會喪失信心**；你的恐懼就像磁鐵，會吸引壞成績。

　　如果非常恐懼失敗，這稱為「表現焦慮」；也就是說你會擔心自己永遠得不到好成績。如果給自己太多壓力，只會累慘自己。因為即使你一直想達到完美，但完美是不可能的。

　　盧卡斯，壓力是你給自己的，你可以決定要不要擺脫它。我建議你，可以向爸爸媽媽尋求幫助，因為他們是無條件愛你的，絕對不是因為你的成績。

盧卡斯，你只需在特殊情況裡擔心成績不好；有時候這種情況會是正面的，因為它會促使你超越自己。

　　所有的問題，都必須找到它的平衡點！

為什麼我的爸爸媽媽分開了？

安，最好的辦法就是去問爸爸媽媽，不過他們可能會因為你年紀還太小，而不想回答你。在這種情況下，最好不要自己胡思亂想，所以我會給你一些可能造成你爸爸媽媽分開的理由。

情人之間的愛情是會改變的。我們可能在這一刻強烈愛著對方，但時間久了，愛的感覺也許就不再強烈，或是就不愛了，然後分開。為什麼呢？

- 因為我們不再有一樣的想法，而且不再認同彼此的選擇。
- 因為在一起時不再感到幸福，無法聆聽對方、互相聊天。
- 因為我們之間毫無理由沒有愛了！

由於以上這些原因，所以我們常常會吵架，甚至會脫口說出傷害對方的話，讓對方難受。我們也可能愛上另一個人。

你看有這麼多不同的解釋，很難輕易給出一個答案。**爸爸媽媽會分開，絕對不是孩子的錯，這是大人之間的問題。**

父母親對孩子的愛是無條件的，也就是說即使爸爸媽媽分開了，他們還是會永遠愛孩子；你的爸爸媽媽是不會離開你的。

不要擔心，即使你的家庭成員改變了，他們心裡永遠都會有你存在的位置。

為什麼我不敢拒絕對方？

　　黛博拉，我們不願意拒絕別人，常常是因為我們不想傷害對方，我們害怕會得罪他們，怕他們不再那麼喜歡我們。不過，還是要學習勇敢拒絕對方，這件事需要有自信心、有想法，並且要敢表現出來。

　　懂得拒絕，就是懂得傾聽自己。想像你心裡有個羅盤，它會跟著你身體的感覺和內在的聲音移動，指引出你該走的路。如果同學要你去做你不想做的事，這時就可以去問問羅盤。

　　想像一下，同學要求你跟他一起去偷麵包店裡的糖果，你心裡的聲音會怎麼說：「去吧？」「不可以？」「這是不好的？」「這是對的嗎？」「這是不對的嗎？」「我想要去嗎？」「我不想去嗎？」

　　你的身體又告訴了你什麼？**如果你有感覺到不舒服，那就是事情不對勁的信號。**在這種情況下，你的羅盤很有可能會指引你要拒絕對方。你是有權利拒絕的，因為你本來就不想這麼做，而且做這件事不會給你帶來任何好處。

　　不要害怕拒絕對方會不禮貌。如果為了不得罪同學，而選擇不傾聽自己內心的聲音，那麼你就會得罪自己，甚至是跟自己生氣。不要讓自己變成爆米花！

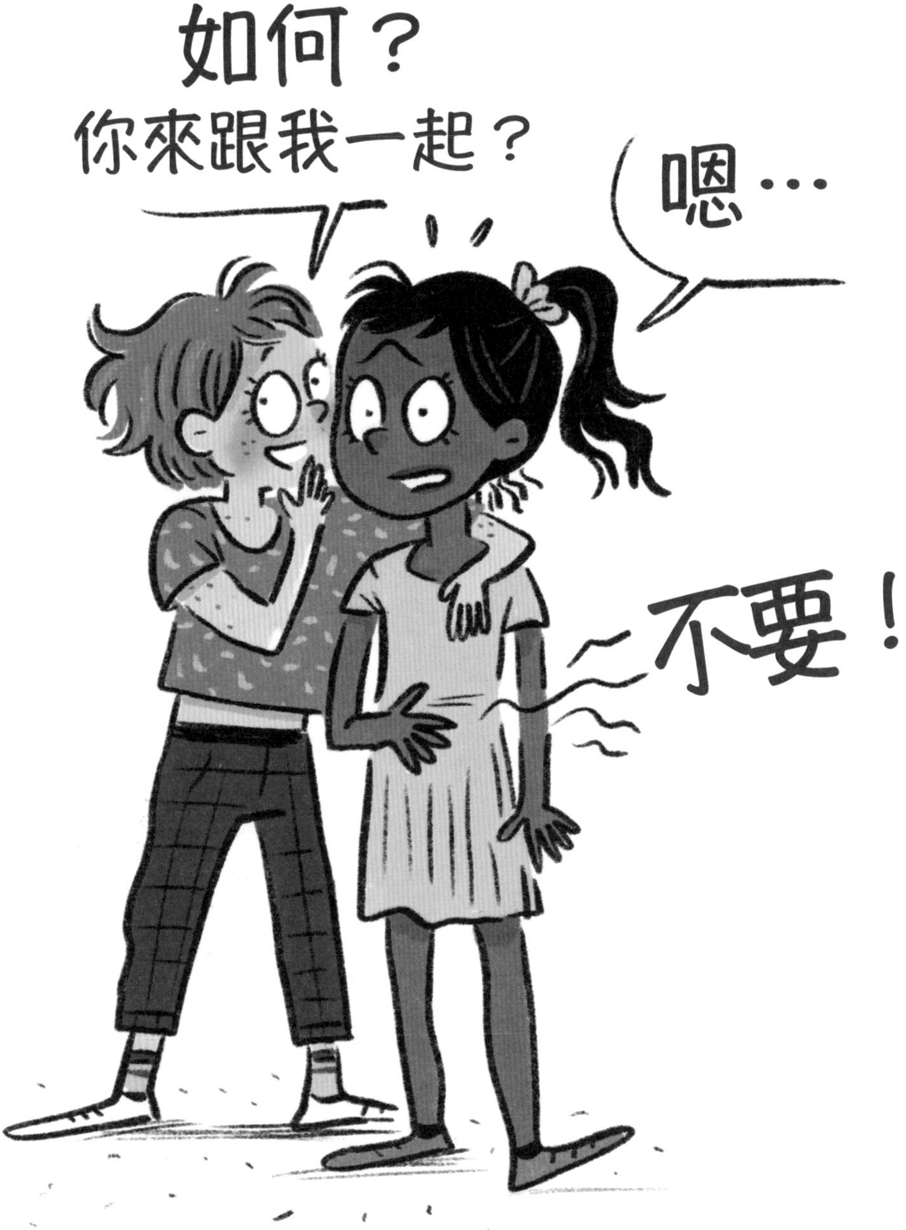
如何？
你來跟我一起？
嗯…
不要！

為什麼老師總是大吼大叫？

　　維吉妮，你的老師是因為某些難以說明、只有她自己知道的原因，所以總是大吼大叫。可能是她累了，或她在煩惱些什麼事。管理班級並不容易，尤其遇到過動和多話的學生時。但這也不可以是大吼大叫的理由，老師必須以身作則。

　　維吉妮，我建議你可以去找老師談談，自己去或請爸爸媽媽陪你去都可以。去告訴老師每次她大吼大叫時你是什麼感覺。例如你可以跟她說，這讓你感到害怕、吼叫聲讓你很擔心，或你覺得無緣無故被吼是不公平的。

　　若這些都沒有用的話，那就像烏龜一樣替自己做一個殼。

　　烏龜總是把家背在背上散步，殼同時也是烏龜用來防禦危險的盔甲。如何？這是個好主意吧！**想像一下在你的腦子裡，有一個屬於你的地方**，那裡就是你的殼。你可以把所有喜歡的東西、讓你快樂的東西都放在裡面，例如你的玩偶、友善的話語、你最喜歡的音樂，花一點時間去想像一下。

　　因為有了保護殼，下一次老師再大吼大叫、讓你覺得不舒服時，你可以「回家」躲起來，就可以承受少一點不舒服。

我該如何尋找
生命中的摯愛？

亞歷克斯，你跟我透露你已經談過戀愛，而且想再回到戀愛的狀態。你跟我說，戀愛的感覺，就像是你時時刻刻在想著某個人，那麼你該如何找到生命中的摯愛？

亞歷克斯，我相信**最好的辦法就是不要去找，有一天他就會在你不注意的時候自己出現**。我們總是希望可以為那一刻做好準備，但我們必須接受生活中的驚喜，敞開心胸耐心等待。

當那個人出現的時候，你會認出他的。這件事無法用言語來形容，你的心會告訴你。你內心的聲音、你的直覺都會給你強烈的信號：「去吧，加油！」

你的身體會起反應，你會有很多感覺，例如蝴蝶在飛、眼睛裡有火花、內心充滿愉悅、頭暈目眩，這時候你的羅盤就會告訴你：他就是你人生的摯愛，就是他！

每一次你談戀愛的時候，你都會感受到一樣的事情，愛情最特別的地方就是，無論幾歲都讓你覺得自己像新生一樣。

亞歷克斯，或許在你的一生當中，會出現很多愛人，不過這要等到你晚年的時候才會知道。

為什麼每次我覺得害怕時，媽媽都叫我不要怕？

布萊恩，不用懷疑，媽媽是希望你放心，她會保護你。

媽媽會告訴你不要害怕，是想告訴你沒什麼好怕的，她在這裡。她覺得你的害怕無關緊要，因為她沒有感覺到危險。

不過我理解你是希望媽媽謹慎一點。你們可以在這個時候說說話，**讓媽媽試著理解為什麼你會害怕，還有誰可以幫助你**

克服這件事。

但你知道嗎？**恐懼其實也有它的好處，即使這種情緒讓人不愉快。**

它就像是一種警鈴，響的時候是為了避免危險。

例如你過馬路時，有一台車衝過來，你會因為害怕而後退。這樣的警告，會讓你在下次遇到相同情況時還記得，提醒你在過馬路時要特別小心。

有時候，我們會沒有理由地感到害怕，我們會自己嚇自己。

我們會自己說一些恐怖故事，然後相信那是真的。

當你感到害怕的時候，你的身體會為了自我保護而關起來：你的肩膀會縮下去、呼吸會不順暢，然後覺得視線模糊，就像你在轉圈圈時也會有同樣的感覺。

最重要的是，當你有這些感覺的時候，要趕快去找媽媽，告訴她你的情況，請媽媽抱抱你，讓你覺得安心，這時候你的身體就會放鬆。媽媽會幫助你冷靜下來，讓你轉移注意力。

布萊恩，媽媽都很關心孩子，所以當你需要媽媽的時候，請盡量展現出你的需要。

媽媽的懷抱，是克服害怕最好的魔法。

為什麼我們不是無所不知？

為什麼地球會轉動？
為什麼太陽要叫做太陽
而不是香蕉？

還有為什麼…

巴納貝，大人都會試著回答孩子們的問題，但是因為大人不是什麼都知道，所以有時候也會回答不出來，沒有人是無所不知的。知識是無限的，就算我們花了一輩子的時間，也無法去學習所有想要知道的事物。

如果我們無所不知，那將是一件很無聊的事，我們看世界的眼光和生活，都會變得狹隘。

有一位哲學家叫做蘇格拉底，他說過：「我唯一知道的事，就是我什麼都不知道。」這句話告訴我們，**我們無法成為全知的人，但我們可以像偵探一樣四處去尋找答案！**你不覺得這就像是一場神聖的冒險嗎？

還有，巴納貝，那些人類無法真正了解的事，叫做神祕。

例如生命，我們無法確實知道生命從何而來；死亡也是如此。有些神祕的事，你長大後可以去學習，但有些則無法。這就是生活讓人興奮的地方，**它引發我們去思考，讓我們保持好奇心和熱情。**

你看，由於生活中有未知，讓我們有想要知道更多的渴望。

由於偉大研究者的貢獻，讓我們獲得了許多新知。你也是喔，巴納貝，你可以在每一天都發現新的事物！

為什麼爸爸媽媽要生氣？

雨果，爸爸媽媽可能是因為你做了調皮搗蛋的事，或是你說了謊，才會生氣。

這是為了讓你知道，你做了不該做的事、說了不該說的話。

通常，罵你是為了讓你記得，它會在心裡引發一種強烈的情緒，幫助你不再犯錯；因為你不會想再經歷這樣的情緒。

還有，爸爸媽媽罵你是為了限制你。這種限制很重要，這是在告訴你，不是所有事情都可以做，而且大人會在你身邊是為了保護你。例如你被禁止吃掉一整盒巧克力，因為這會讓你肚子痛。有時光是好好勸說是不夠的，為了讓你停下來，他們只好罵你。

這或許也是一種你測試爸爸媽媽的方法。

有時候，爸爸媽媽會因為自己過了很糟糕的一天，就無緣無故罵你，他們很生氣。雨果，這時候就打開你的避雷雨傘，因為無故被罵是不公平的！這也讓你知道爸爸媽媽是不完美的。

如果爸爸媽媽經常莫名其妙地罵你，你有權利指正他們。這樣可以讓他們知道自己過分了，並且修正自己的行為。雨果，**爸爸媽媽和孩子可以互相幫忙，一起進步並且互相學習。**

我真的會死掉嗎？

維多利亞，這是個大問題！是的，你會死掉。

但是死掉實際上指的是什麼呢？當我們死掉時，心臟會停止跳動，呼吸也會停止。**我們不再存在於現在的生活裡**。但關於人死後會到哪裡去的問題，每個人的想法都不一樣。

重要的是，你得找到自己的答案。這個答案或許跟你的宗教信仰有關，也可能無關；如果你有宗教信仰，或許可以從裡面找到答案。

● 有人說我們是一個整體，是因為地球、太陽、空氣和水而存在；無論是大自然還是動物，全都跟我們有關聯，我們是聯繫在一起的整體。等到我們死去的那一天，我們的身體會回到大地，繼續滋養植物、昆蟲，這就是生命的循環。

- 有人認為死後有另一個世界，我們可以在天堂跟神，以及那些比我們早逝的親友團聚。
- 有人相信輪迴，也就是說我們的靈魂是永生的，會以另一種形式活著，有可能是動物、植物、人類。想像一下，維多利亞，你也許會投胎成一隻長頸鹿！
- 至於其他人則認為，死後什麼也沒有，我們只留下回憶給那些我們愛的和認識的人。

　　當然，沒有人知道哪個答案是正確的！維多利亞，這個答案你必須自己去尋找，不過你還有很多時間來思考這些事，我們的想法有時會隨著生命的經歷而改變。

為什麼我不喜歡
自己一個人睡覺？

艾希思，孩子們通常都不喜歡自己睡覺。

因為睡覺表示要跟今天說再見了，是一天的結尾，你知道自己不能繼續白天的活動，必須跟爸爸媽媽說晚安，這些會讓你感到憂鬱，還有一點悲傷。

上床後你必須心無旁騖，因為身體要休息，這也是你重新找回自己的時候。這段時間你會感到孤獨，但也更有安全感。

為了幫助你入睡，你可以請爸爸媽媽幫你準備一個睡前儀式。可以念故事給你聽、幫你按摩，或給你一個大大的擁抱。在儀式結束後，就讓爸爸媽媽回到他們的日常事務中。

我要跟你說一個小故事，這或許可以幫助你。**你內心有一顆安全感的種子，它會保護你。**

爸爸媽媽很愛你，這份愛就像是一顆小種子，它會在爸爸媽媽的照顧下長大，並支撐著你。你會在這顆安全感的種子中，看到他們眼中對你的關愛、對你的信任，還有他們對你的稱讚。透過這顆種子，你同時也能聽到他們心裡的訊息，和溫柔友善的話語。種子因為有了這些滋養，漸漸長大，充滿活力。

因為有這顆種子，所以你可以安心自己一個人睡覺。你可以感覺到，它會幫你把睡覺的時間變成一段美好的時光。

你知道它就在那裡，你們兩個是在一起的。所以，閉上你的眼睛，傾聽自己的呼吸，想著愛的時光和生活中的美好。

艾希思，**等你長大後，還可以帶著這顆安全感的種子去發現世界！**不過在這之前，先從在夢中的旅行開始，去睡覺吧！

為什麼我朋友是被領養的？

達芬妮，你說你的朋友賽穆爾跟你吐露自己是被領養的，你很疑惑這是什麼意思。領養有三種情況：

- 屬於媽媽的情況：媽媽的肚子裡有了寶寶，但是她沒有能力扶養寶寶長大，而且也無法給他應得的關愛。或許是因為媽媽還太年輕，或許是因為媽媽沒有錢，所以她決定讓別的家庭來撫養孩子。這是種愛的表現，因為她知道孩子在其他地方，會得到更好的關愛。

- 屬於父母的情況：他們沒辦法懷孕，或是他們希望可以有其他的孩子來一起住。這時候他們就會去領養，而且會用心關愛這個孩子。

- 例如你朋友賽穆爾的情況：他出生在國外。在這個世界上，有些國家很貧窮，或不斷發生戰爭，孩子在那邊是不會幸福的。所以有些父母會希望可以領養來自那些國家的孩子。

被領養的孩子和領養他們的家庭成為永遠的家人，他和他心中安全感的種子，會一起在新家庭的愛和關懷中長大。孩子和養父母會因為生活而交織出強大的關係，但是孩子仍保有自己的根，這是屬於他的一部分。或許有一天，賽穆爾會想去他出生的國家看看。

　　達芬妮，領養就像歷險記，**最主要的角色就是愛！**

為什麼我不喜歡努力？

家人
朋友
吃飯
學校
籃球
打電動

　　亞倫，你不喜歡努力，是因為這樣會改變你的日常習慣，而且會花費力氣！你的大腦不喜歡這些，它似乎比較懶惰。

　　我會試著跟你解釋為什麼。

　　想像你的大腦是一座有很多小路的森林，小路會因為訊息一直通過而越來越寬。

　　但是，有一天，訊息決定改變方向，尋找新的路徑。這是一件勇敢的事，因為它會遇到很多障礙、荊棘和盤根錯節的森林，它必須清除路上的障礙物，一步一步前進，然後找到光明，看見遠處的太陽。這時候訊息會感到驕傲，因為它**獲得的滿足感會超越所付出的努力**。

亞倫，你也是這種情況。每個星期三下午，你會安靜地打電動，打電動這條小路準確被標示在你的森林裡。

但是，爸爸媽媽決定幫你報名籃球課，可是你不是很想去。因為打籃球要花費力氣，而你不喜歡需要努力的事！你會找出所有可能的藉口，只為了不要去上籃球課。

你知道為什麼嗎？這就像那個勇敢的小訊息，必須穿越不舒服的地區。你的大腦必須做多一點工作，花費多一點力氣，而這些都是你不喜歡的；努力代表你要先把娛樂放一邊。

亞倫，你喜歡籃球，所以打籃球會是一件幸福的事。動機出現了，你就會對每星期的籃球課感到迫不及待，因為你是在做你想要做的事。爸爸媽媽很努力在幫你建立自信心，而且推你一把。

要知道，**冠軍是屬於付出的練習比別人都多、比別人都努力的那個人**。你也是，你也可以變成冠軍！

為什麼我害怕
在全班面前說話？

泰絲，你要知道，我們都很害怕在眾人面前說話，大人也是。

你被全班同學盯著看，還必須把課文背出來，這不是一件簡單的事。通常這時候，你會開始想很多事情：他們會評論你、批評你、嘲笑你，然後你就會忘記所有背起來的課文，不知所措。

當你害怕的時候，你的腦袋當然會感到恐慌，所有想法都打結，然後開始想像恐怖的事情會發生，這些都會加深你的恐懼。

我建議你**緩慢地呼吸，不要去聽，也不要去相信那些糟糕的想法。好好跟自己說話，告訴自己你不是唯一感到害怕的人，這很正常**。站在全班面前說話是很勇敢的事，相信自己已經把課文背好，它牢牢印在你的腦海裡，沒有不見！

泰絲，你或許還會臉紅，不過那會過去的。

如果你還是覺得害怕，可以說些幽默的話。**當我們可以在這種情況下笑出來，可以幫助自己離不舒服的感覺遠一點。**

你很努力，所以你一定可以消除自己的害怕，也可以幫助自己增加自信心，然後在下次遇到相同情況時，再把自信心拿出來用。

我們只能用行動來消除恐懼，退縮只會增加害怕的力道。

我跟你保證，如果你把自己的情況跟朋友說，你一定會驚訝地發現，原來他們也都會害怕。

為什麼
我必須喜歡妹妹？

迪倫，**你沒有一定要喜歡你的妹妹，但是你必須尊重她們，就像是你尊重其他人一樣，也就是說不可以欺負她們。**

爸爸媽媽可以讓你自由選擇要不要愛妹妹，不過當你做出選擇後，你就得對自己的選擇負責任！

迪倫，愛的感覺是強求不來的。你和妹妹並不像和朋友那樣親近，血緣關係並不是可以互相親近的保證。不會因為我們是一家人就會有一樣的個性，或是一樣的喜好。

相反地，我們會因為生活在一起，一起分享經驗而創造出關聯，這樣的關聯有可能會變成愛。

迪倫，你有可能會因為年紀漸長，看妹妹的眼光也變得不同。你們的個性會改變，關係也有可能會變化，你們會有共同的回憶一起分享。當你們長大之後，或許會變成彼此信任的人，你永遠不會知道未來會發生什麼事。

現在妹妹讓你很生氣，是因為她們還小不懂事，會進你的房間亂拿東西。或許她們只是想學你！**哥哥永遠是弟弟妹妹的模範，你的妹妹只是想模仿你，這表示你在她們眼中是重要的！**

放輕鬆，迪倫，傾聽自己內心的聲音，什麼都有可能會發生！

為什麼
我不喜歡輸？

諾蘭，你不喜歡輸的原因可能有很多。

毫無疑問，你為了贏得勝利竭盡全力，相信自己會成功，但卻失敗了，所以你感到沮喪。我們都不喜歡沮喪的感覺！

你覺得贏得勝利就像是得到冠軍，所有人都會因此喜歡你、欽佩你。所以當你輸的時候，會感到很丟臉，覺得同學都在嘲笑你，覺得自己是弱者。

諾蘭，**沒有人是永遠的強者或永遠的弱者！每個人都會有輸有贏！**不要把自己的失敗和你是誰這件事混淆在一起，即使你失敗了，你仍然擁有屬於你的驕傲和價值。

但是失敗常常是種挫折，我們都不想遇到這種挫折，卻又常常被拿來做比較，所以會讓我們感到生氣。

接受失敗是很重要的事，因為我們在失敗中學到的事情，比在勝利中還要多。當我們失敗了，我們可以去思考如何讓自己更進步。

輸贏是相對的，也就是說**努力嘗試跟贏得勝利一樣重要。**

失敗同時也是我們學習管理情緒的機會，例如你必須面對

生氣或難過的情緒。所以，學習接受失敗是不是很有趣！

　　你可以在心裡幫自己做一個工具箱，裡面的工具就是所有你做過的事，無論輸贏。下次你就可以在工具箱中，找到所需要的工具。

為什麼
我會害怕做惡夢？

艾德里安，惡夢是你在睡覺時做的痛苦的夢，這種夢會讓你感到害怕。惡夢之所以會可怕，是因為它讓你有身歷其境的錯覺，讓你醒來後，不知道自己到底是躺在床上還是留在夢裡。

你可能會感覺心跳過快，好像剛跑完步或打完一場仗，你會需要一點時間來平復。還有，我們的眼睛在晚上看得比較不清楚，會覺得失去方向感，這都會加深你不舒服的感覺。

我建議你**可以把燈打開，來確認房間並沒有任何改變**。

你的身體會因此放鬆下來，確定自己還是安全地在被子裡，而且如果你需要幫忙，爸爸媽媽就在隔壁。

我們可以這樣比喻，惡夢有點像是電視裡播放的恐怖片，並不存在於真實世界。如果不想看恐怖片，你可以轉台或關掉電視！

所以，你可以對惡夢做一樣的事，只不過是在腦子裡。你得重新找回冷靜，**專注在你的想像裡，去想一些讓你覺得美好的畫面**，例如你們同學之間說過的笑話，或是你獲勝的那場球賽。去回憶這些場景的小細節，然後試著去感覺那些正面的情緒，你就可以再次回到舒服的睡夢中。

或許之後的幾天，你還是會不停想起做過的惡夢，不過之後就會完全忘記了。

要怎麼知道我的朋友是不是真朋友？

安，你說你們好朋友之間常吵架，所以有時你會懷疑你們是不是好朋友，要怎麼知道朋友之間是不是真的友誼？

安，**友情是靠時間來認證的**，或許就讓時間來回答你吧！

友情就像是一個菜園，你在好天氣時播種、澆水（如果可能的話帶著愛），用心照顧它們長大。你幫它們對付壞天氣和病蟲害，然後菜長大了，你可以收成了。有時它們長得不如預期漂亮，但你會覺得它們是最好的！

友情有點像種菜，也會長大！一開始你會被某個人吸引，你會想要再見他一面。直到某一刻，你們有了共同生活圈，友

情就此誕生。

　　安，了解一個人並接受他的缺點，是不容易的事，而且有時會讓人生氣。友情需要彼此的努力，不過這也是一件有趣的事，因為**在這個過程中，你們可以互相了解，一起成長**。

　　好！但是到底什麼是真正的朋友？你這麼問我。

　　真正的朋友，會在一早見到你時發出微笑，她愛你就像你愛她一樣，而且你不用為了當她的朋友而做出什麼改變。你可以告訴她自己的祕密，並相信她絕對不會說出去，她也會想要告訴你她的故事。如果你覺得難過，她會安慰你；她會讓你笑，請你吃她最喜歡的餅乾。你會在假期中想念她，她也會寄信給你。她一定會希望你們的媽媽也是好朋友，這樣你們就可以常常見面！她會跟你交換衣服穿，你們把彼此當成親姊妹。當你和她吵架時，她會原諒你，因為她在乎你而且不想失去你，更不想讓你難過。她或許無法永遠都在你身邊，但只要你有需要她就會在。

　　安，關於友情還有更多，傾聽自己的心，它會告訴你的。

為什麼人都會死掉？

安娜，當生命結束的時候，我們就會死掉。

我們身體的平均壽命是八十五歲，根據每個人情況的不同而增加或減少。八十五歲之後會越來越脆弱，變得很老，身體機能越來越差，連醫生也無法治療！

無論動物還是植物都會死亡。生命的節奏是隨著時間的流逝而進行的，這是生命的週期，就像四季的變化，死亡和新生循環不已。死亡是為了空出位子，如果我們永生不死，地球就會人口爆炸。

還有，你說死亡是一件傷心的事。

你可以試著想像一下，如果我們都不會死，那麼世界會變成什麼樣子？你不覺得一切都會變得很困難，而且我們無法這樣生活下去？

因為生命有限，我們才更懂得去善加利用活著的每一刻，所以死亡是有意義的。

因為知道自己終究會死掉，所以生命很重要。你可以把死亡看成是熱愛生命的機會。死亡或許是生命中最驚喜的美麗。

為什麼笑會讓人感到愉悅？

瑪麗，首先我要先跟你解釋，笑對你的身體有什麼影響。

當你笑的時候，身體有八十塊肌肉同時會受到刺激，當肌肉放鬆後，就會給身體帶來輕鬆愉悅的感覺。

你的大腦也會釋放一種叫做腦內啡的荷爾蒙，這是種幸福的荷爾蒙。因此你會感覺到愉悅而放鬆！

笑也會互相交流，當你笑的時候，就是在把你的好心情分享給爸爸媽媽、兄弟姊妹和朋友，這樣**可以創造出好的連結，製造好的回憶**。我們都有瘋狂大笑的經驗，只要一想起這個回

憶，就可以讓我們再次微笑。

笑還可以讓你用不同的方式來看待某些情況。

你可以笑著跟爸爸媽媽分享你做的蠢事，這樣會減少挨罵的機會，大家也容易對發生的事情一笑置之。當我們能用開玩笑的態度來看事情，就會發現事情其實沒那麼嚴重。

同樣地，你也可以開自己玩笑，增加自己的幽默感。

但是要注意，是友善的幽默，因為你必須說出無害的話。例如當你因為踩到香蕉皮滑倒，如果你自己先大笑，那麼整件事就會出現不同的結局。你可能會覺得很丟臉，這時候就跟自己說，你只是一時大意，沒有注意到而已。不完美並不是一件那麼可怕的事，相反地，它可以讓你變輕鬆！

笑，是讓你不要那麼嚴肅的工具。

瑪麗，你有發現笑的好處了嗎？**笑可以散播快樂的種子，笑就是在生活中與他人共舞！**

為什麼我不喜歡無聊？

愛麗絲，沒有人喜歡無聊。

當有很多事情可以忙的時候，我們會覺得有活力，很有存在感。如果沒什麼事好做，就會很煩惱，這種煩惱讓人感到空虛，而且是會讓人害怕的空虛；就像掉進一個一直把你吸進去的洞裡。

如果你讓自己去接近這樣的空虛，靜下來仔細看，就會發現它一點也不可怕，或許還會帶給你驚喜。

你知道為什麼嗎？當你覺得無聊的時候，大腦就會變成一個探險家！還記得我說過大腦就像是充滿小路的森林嗎？裡面有你經常走的熟悉小路，還有神祕小路！不過，如果你很膽小的話，那就避開神祕小路吧！**當你覺得無聊的時候，大腦就會想去開發新路徑，因為它是有好奇心的。**

然後，你知道它會發現什麼嗎？一些好主意！

愛麗絲，**感到無聊這讓你有機會去認識內在的自己，在那裡你會發現很多好主意**，就在你的內在花園裡。你會在裡面發現讓你變成小小探險家的寶藏，然後開始發明、想像、創造、嘗試、重新開始、不斷實驗。

你將替自己感到驕傲，因為你即將展現出自己的觀察力與好奇心。

為什麼我會害怕
白衣夫人*？

寶琳，你會害怕是正常的，我們都會害怕，即使是大人。但我們常常不敢說出來，因為我們覺得不勇敢很丟臉。

你知道嗎，即使是電影裡面的英雄也會害怕。**會害怕代表你有心和情感，因為你是人啊！**讓大人或好朋友來幫你重新認識害怕，是很重要的事。

* 編註：這是法國民間流傳
　的鬼故事中，一名穿著白
　衣的女鬼。

寶琳，大孩子們總是喜歡在下課的時候，用白衣夫人來嚇你們，因為有些孩子很喜歡看別人被嚇到的樣子。如果大家都同意，這或許可以當成一種遊戲，不然就不是一件好玩的事！

白衣夫人是故事裡的人物，是一種傳說，她不存在於真實世界。這有點像是你在看一本書，當你把書闔上時，故事也就結束了，它只會留在書裡。

不過，寶琳，我了解即使你很清楚這不是現實，你還是會覺得有點害怕。害怕是不理性的。

我們來面對你的害怕吧！我要跟你介紹「手電筒遊戲」。

建議你拿一支手電筒，然後自己一個人或和爸爸媽媽一起，在家裡尋找白衣夫人可能躲藏的地方。你要仔細搜尋，並試著跟白衣夫人說話：「您好白衣夫人，您好像很可怕，可以請您露出真面目給我看看嗎？您有大大的鼻子嗎？還是有一雙大大的手？您有心臟嗎？」

當然，爸爸媽媽知道這只是一個遊戲，你什麼也不會找到！你們可以在遊戲中大笑，這樣可以幫助自己不那麼害怕！

記得告訴爸爸媽媽，不要跟你說道理，只要好好陪著你，像是在跟白衣夫人玩偵探遊戲就好！

為什麼
有些人會嘲笑我矮？

艾力克斯，你要知道**沒有人有權嘲笑別人。高矮胖瘦都不可以被當成嘲笑的對象。**

你覺得自己被排擠，這是很嚴重的事。我建議你去跟老師還有爸爸媽媽說。

艾力克斯，**嘲笑的話語就像射出去的飛鏢一樣傷人**，被射到就會受傷。有些孩子喜歡嘲笑別人，這或許是因為他們也被其他孩子嘲笑，或是與他們的家庭問題有關。

還有一些孩子因為看太多暴力的電影或電視，導致他們性情冷漠，不知道這麼做是會傷害到別人的。

艾力克斯，我建議你**可以跟嘲笑你的同學說，你不會再聽他們說這些話，而且也不會再回應他們。試著用友善的方式跟他們說**，他們一定會很驚訝。因為說到底，他們認為自己很強，他們只是想要發起一場飛鏢戰，來讓你看輕自己。

這麼做並不表示你是弱者，相反地，**你會因為自己不回應他們而驕傲。**為了幫助自己，你可以在日記裡寫下想對他們說的話，還有那些讓你生氣的話；你還可以對著鏡子大叫！

如果他們又開始了，你可以站在大人身邊，這樣可以讓你覺得是被保護的。不過我跟你保證，這些孩子最終會收起他們的飛鏢，我相信有一天，他們也會像你一樣，說出別人對他做過的壞事，這樣他們就不會再傷害別人了。

為什麼
友善是好的？

安博，友善似乎就是身體健康和幸福快樂的祕訣！

當你對別人友善的時候，身體會製造出一種荷爾蒙，叫做血清素，它是一種幸福的荷爾蒙，這就是為什麼你會感覺到愉快的原因！

不過還有其他原因，**當你一直保持愉快的心情而且待人寬厚，人們就會主動來到你身邊，這可以增強你的自信，溫暖你的心。**當你的心能對他人或世界開放時，你就會比較少去注意到自己所沒有的，也會減少抱怨。

友善是有傳染性的。當你對別人好，對方也會想要對你好，這就叫做互惠。付出的同時也得到回饋，你不覺得這樣很棒嗎？

安博，還有一件事也很重要，**我們常常記得要對別人友善，卻忘記也要對自己友善。**有時候我們會對自己說一些難聽的話，例如「我真白痴，我很差勁，我絕對做不到。」

即使你真的做了愚蠢的事情，你也不該對自己這樣說。試著傾聽你內心的聲音，然後溫柔跟它說話，就像是對待朋友一樣，這會讓你感覺好很多！

現在我要請你花一天的時間做一個試驗，你必須跟每個經過你身邊的人說你好。而且是一個真心的問候，你要看著對方的眼睛，帶著微笑，用心跟他們問好。

你會得到他們的回應，然後到了晚上，去感受一下這一天的感覺。安博，我迫不及待要聽你的分享了！

為什麼我有時候會想要死？

寶拉，你說跟朋友吵架讓你感到很煩，所以有時候會想要死。你還告訴我，你已經有兩次難過到想死的經驗了。

寶拉，你是真的想死？還是你只是不想再難過？分辨這兩者的不同很重要。你要知道，一旦死掉就回不來了！這不像遊戲裡的英雄，死掉後還可以奇蹟似地活過來！

我們都可能有過想死的念頭，但就算死掉可以馬上脫離苦海，也不能真的這麼做。當你這麼想的時候，**你其實忘記自己擁有解決問題的寶藏，而且你的生活多采多姿。**

當你跟好朋友吵架，在那個當下爭執得很激烈，所有事情都混淆在一起：你的情緒、你的想法，還有你覺得自己很糟糕；這些狀況都會讓你看不到解決的辦法。

這有點像是你搖動雪花球時，裡面會一團亂，但當你把雪花球放下來，雪花落盡後，就會發現裡面有漂亮的東西出現。

　為了找回你的冷靜和理智，我建議你，在操場找個地方坐下來，然後觀察周遭事物，例如螞蟻。

　盡可能集中注意力在這個讓人驚喜的小動物身上，牠從來不停下來！觀察牠移動的方式、牠行走的路徑、牠背著的東西。

　如果你覺得心情好點了，聽聽你的心告訴你該做的事。去找朋友好好聊聊？或是要等到明天，因為你還需要一點時間？

　寶拉，**你是可以相信自己的，而且事情總是會有解決的辦法**。不過當你處在被搖動的雪花球狀態時，你是看不清楚的；必須要有耐心，等待一切塵埃落定。**明天的太陽還是會升起！**

為什麼
我會想要自己
躲起來吃糖果？

亞倫，你會責備自己是因為你很善良、心地很好，知道要跟兄弟們分享糖果。

不過你有權擁有自己的祕密花園，而且不用跟任何人分享。如果爸爸媽媽給你零用錢獎勵你，你可以去買糖果自己吃；**你可以做任何自己想做的事，當然除了壞事之外！**

亞倫，我建議你找個私密的地方，然後告訴自己現在只屬於你，只有你和自己，不會受到任何批評。

你可以好好品嚐每一顆糖果，你還可以用像第一次吃到糖果的心情去品嚐它們，告訴自己沒有什麼比現在更能讓你感到高興！因為你值得。

每個人都需要這樣的時光。有時候不考慮到別人不代表就是自私，這只是因為你想跟自己分享此刻時光，你還有其他時候可以跟大家分享。

什麼是同父異母的兄弟？

文森，你說你爸爸跟繼母就要有一個孩子了，你即將有一個繼弟，你想要知道他為什麼不是親弟弟。

所謂繼兄弟姊妹，是指你們的父母親當中只有一個是相同的，可能是同個爸爸或同個媽媽，但不會是同一對父母。你的情況是，你跟繼弟有同一個爸爸，但是不同媽媽。

現在，你可以自由選擇要怎麼稱呼他們，重要的是，你心裡是怎麼想的。你們會一起長大，你仍然會給他完整的愛！

你跟繼弟的家庭叫做重組家庭，就像是一塊美麗的拼布！拼布是用不同顏色和尺寸的布，縫在一起拼接而成的，**每一小塊布都有自己的位置，而且保留自己原本的樣子，它們組合在一起，就成了獨一無二的存在。**

你可以跟繼母和即將出生的繼弟，建立起新的關係。這樣的新關係，不會影響你跟媽媽原本的關係。在你心裡會有兩個家庭，即使你們分開生活，但他們對你來說都很重要。

文森，當你的繼弟出生後，所有事情自然都會有最好的安排。

為什麼
我的爺爺要自殺？

艾蜜莉，你說過爺爺年紀很大了，而且常常覺得身體不舒服。你爺爺會結束自己的生命，是因為他不想要繼續這樣的生活了。

比起求生意志，生病帶給他的痛苦越來越嚴重，所以他想結束生命，讓痛苦消失。爺爺一定是覺得沒有其他解決辦法，而且也沒有人可以幫助他，這不是任何人的錯。

爺爺一定非常難過。艾蜜莉，這裡說的難過，跟你和同學吵架後感覺到的難過是不一樣的。跟同學吵架後的難過會過去，你會釋懷；但是爺爺不一樣，他很痛苦，這是一種存在很久的巨大絕望，他已經堅持很久了。即使要丟下愛自己的人是一件很困難的事，他也不想再過這樣必須對抗一切的生活；或許他不想跟別人談論這件事，也不想再依靠誰了。

艾蜜莉，我跟你保證，你或你的家人都不會因為爺爺自殺而自殺。我們有時候會害怕自殺是不是有「傳染性」，但放心，不會有的。

我建議你，**把跟爺爺的回憶保留在腦海裡，想想他健康的樣子，讓他一直活在你心裡**。最重要的事情是，**把爺爺美好的一面留下來**。

為什麼
男生不能感到害怕？

伊納，男生不能哭的形象是很辛苦的！因為以前的男生得出門打獵或上戰場，所以留下這樣的世代傳承，男生必須要展現出強壯和堅強的樣子，而且要凱旋而歸。

　　人們認為男生就是要有男子氣概，要表現得像個英雄。他們用戰鬥來表現強壯，維持領導者的地位，而且從不顯露出害怕。男生打球，喜歡格鬥運動，他們會變得像自己的爸爸一樣，高大又強壯。

　　所以男生如果哭泣，就代表他很懦弱，而且感情用事，而這些特質是屬於女生的！

　　但是，伊納，並不是這樣的，那只是以前的想法，現在我們的價值觀改變了，眼光也不同了。**男生也有哭的權利**。不用懷疑，你一定認識會跳舞的男生、不喜歡打架的男生，還有會噴香水的男生，這些特質都不會減少他們男人的形象！

　　伊納，**感情是人類特質的一部分，與性別無關。**

　　我們都有心，也都有感情。或許我們表達感情的方式不一樣，女生比較容易說出感受，男生比較不擅長表達，但我們不應該以偏概全。

**　　我們不應該再扮演刻板印象中的角色！我們都可以做自己，並且在生活中自然表達感情！**

為什麼我有時
會對爸爸媽媽說謊？

楊，說謊常常是為了否認某些事。你會因為不同理由而說謊，但不用擔心，大家都會這樣！重要的是，你要知道你為什麼會說謊。

你可能因為做了調皮搗蛋的事而說謊，你會為了不要被罵而不承認這件事，而且你覺得反正爸爸媽媽不會知道。但是，如果他們知道了，你不只做的事會被懲罰，連說謊也會被處罰，這時候懲罰就是加倍的！

你可能因為好玩而說謊，例如說自己是第一個到校的，但事實上你是第二個；你可能為了得到禮物，謊稱自己考了好成績；或為了跟同學出去玩，就說功課已經寫完了；你還可能為了不辜負別人而說謊，因為你想在對方心目中留下好印象。

重要的是，**你得明白這些都是謊話，要知道自己正在說謊。不然就很嚴重了！會變成一個說謊成性的人。**說謊成性的人會相信自己說出來的謊話，不過我相信你不是這樣，不然你就不會跟我說這些話了。楊，即使你不是第一名、即使你翻倒杯子在地毯上，或是不小心推倒弟弟，爸爸媽媽都還是一樣愛你，他們不會要求你當一個完美的人。

為什麼
好朋友會稱兄道弟？

尤利斯，我想你的朋友們是因為很喜歡彼此，都想當對方一輩子的好朋友，所以互相稱兄道弟，因為我們都知道兄弟姊妹是永遠的。

他們想變得一樣，想分享共同的價值觀，讓大家相信他們是真的「兄弟」。你知道，我們是可以把朋友當成家人的。

我要跟你說一個神祕島的故事，在這個島上的人都活超過百歲了，你知道他們的祕訣是什麼嗎？因為他們朋友間的關係非常好、非常親密，就像是真的兄弟姊妹一樣。

在這個島上，朋友之間會花很多時間聚在一起，從早上的一杯咖啡開始，晚上和週末就會聚在一起聊天、玩牌、唱歌或吃飯。他們的友誼深厚，也就是說他們之間充滿熱情、互相交流，而且彼此包容。

他們就像一個大家庭，很團結，每個人都互相認識，有任何問題大家都一起幫忙。當然，他們也會吵架，但是他們知道該怎麼和好，從來不會記恨太久。

尤利斯，你看在這個神祕島上，**大家因為關係親密，互相照顧，所以比其他人的壽命都長，也活得更幸福。**

這是一個幸福的祕密，你可以跟好朋友分享！

為什麼肚子痛的時候，媽媽說是因為我有壓力？

露安娜，你因為便祕肚子痛，也就是說你不常蹲馬桶，上廁所有困難。如果你媽媽已經跟醫生確認過，你的身體沒有問題，這就很有可能是壓力造成的了。

小孩子開始學習上廁所的時候，會有因為害怕大便而不敢大出來的時候。因為他們相信，便便是他們消失的某部分身

體。

這時候爸爸媽媽會跟他們解釋，便便是把食物吃進去後，身體不再需要的東西，是垃圾，所以要排進馬桶裡。

有時候孩子們會因為不想在學校上廁所，憋了一整天而導致便祕。

不過這也有可能是因為壓力，露安娜，就像你媽媽說的那樣。當你感覺到害怕或憤怒的情緒時，身體會向你傳達訊息。你會感覺到肚子裡有一顆球，喉嚨緊緊的，然後身體一直發熱，這些徵兆都是因為有什麼事正讓你不愉快。**如果你沒有去傾聽身體正在告訴你的話，情緒就會一直累積**，然後變成一顆大線球堵在那裡，就有點像是便便，你知道的。

當你感覺到身體的訊息、當你肚子痛的時候，可以告訴爸爸媽媽、好朋友或奶奶，讓他們來幫你解開這顆情緒線球。

你也可以自己安靜地呼吸，專注在一呼一吸之間；你還可以把一根手指放在鼻子下面，去感受呼吸時的氣息流動。

不用懷疑，你的便便就會隨著情緒過去而排出。

你的身體就像你的家，你會住在裡面一輩子。身體比任何電腦都還要聰明，它的工作是保持平衡，讓你身體健康，所以照顧身體跟發現訊息很重要。

知道這一點，你就會更愛你自己。

為什麼
朋友傷心的時候，
我會非常想要幫助他？

　　亞瑟，你說不喜歡看到朋友傷心難過，因為這樣你也會覺得難過，所以你會想要幫助他們。你是一個敏銳的孩子，而且有感知他人情緒的能力，你的心胸非常開闊。不過，如果你堅持要幫助對方，或許是因為你不喜歡受苦的感覺。

　　但是你知道嗎？想要幫助親近的人，並不總是一件好事。**我們常常會為他人著想，去想像對方的感受還有需要。只是，這一切的出發點都在我們自己身上，不一定符合對方的期望。**

　　亞瑟，幫助朋友這件事，同時也表示你相信自己是很強大的，但是很遺憾，這世界上並沒有魔法棒存在。

　　比較好的方法是去找你朋友，然後跟他說你也覺得難過，你可以問他想不想跟你聊聊，或需不需要幫忙。

　　你也可以只是坐在他旁邊，把手放在他的肩膀上，讓他知道你在這裡，不需要說任何話。這是一個與他人連結、感受對方情緒的方式。因為事情不是發生在你身上，所以你無法解決它，但是**你的出現就是一種安慰，這樣就很足夠了！**

　　看到朋友傷心的時候，常常會讓我們感到害怕，那是因為我們不想要他們受傷，也不想看到他們受苦。但是有時候，傷心的情緒必須給它時間慢慢好起來。

是否
該告訴我愛的人
我愛她？

亞加特，你說想跟愛的人告白，但是你害怕她不喜歡你，所以不敢說出口。這是很正常的事，因為你現在還很害羞。

戀愛是需要一點時間的，在你了解和確認自己的心意之前，或許，不應該闖黃燈！到那個時候，你可以跟對方說，或用寫信的方式，告訴她你的感覺。

你可能會擔心告白變成一件可笑的事，怕她會嘲笑你。所以，告白是需要勇氣的，或許要花一點時間，不過你還是有可能可以慶祝告白成功。

還有一種可能是對方只想當你的好朋友，並不想跟你一起分享心意。**愛情是不能強迫的**，這時候你會覺得失望難過，你可以找好朋友來安慰你。

你仍然可以繼續喜歡對方，不過也**必須尊重對方的選擇**。而且，只要有耐心，說不定哪一天她會改變心意！

為什麼
大人總是擔心很多？

　　克萊蒙汀，你説爸爸媽媽常常會擔心很多事。造成這種狀況的原因可能有很多。我們的大腦和身體裡有個超級警報系統，會在危險來臨前向我們示警，這非常有用。

　　當我們什麼都擔心的時候，警報系統就會一直響起，導致警報系統過熱並故障。我們會覺得焦躁，然後無法有多餘的心力去注意周遭發生的事情。

　　擔心太多的人，常會自己編造災難故事，或是一些惱人的想法，然後還會一次次在腦海中演練；最後他們會真的相信這些事已經發生了，久而久之就變成一種習慣。

　　幸好，我們想像中的事，通常是不會發生的。問題也不會因為我們擔心就消失，絕對不是這樣！

　　克萊蒙汀，你覺得大人比小孩更愛擔心。

　　你的想法絕對沒有錯，因為**孩子擁有一種大人已經失去的能力：活在當下**。當你在和朋友玩的時候，你不會去想其他事情，眼前只有遊戲以及眼中看見的真實；你就只是活在當下。

　　克萊蒙汀，**活在當下就不會擔心太多，這是祕密喔**！你可以把祕密告訴爸爸媽媽，讓他們不用老是擔心那麼多。

為什麼
媽媽總是要我讀書？

奧德，媽媽要你讀書，是因為這樣對你比較好。她帶你去圖書館，是為了讓你自己挑想看的書。但你說不喜歡去圖書館，也不知道為什麼多讀書會比較好。

奧德，**讀書就像打開奇幻世界的大門。你可以進入那個世界，遇到許多迷人的風景和人物**；這就像你進入另一個星球，裡面別有一番天地，有時甚至是去到另一個時代。

你甚至可以相信自己活在故事裡，這一切都是真的！這段時間只屬於你自己，你可以在裡面做夢、探險、玩樂。

讀書還可以讓你認識新生字，可以幫助你不會寫錯字，對聽寫很有用！此外，**專心看書有助於訓練你的專注力，並透過你的記憶力來記住它**，所以閱讀還可以訓練大腦！

也因為有這些書和它們的作者陪伴你長大，**啟發你的想像**

力，並且引發你很多美麗的想法，你有可能因此而開始創作自己的故事。

所以，媽媽是對的，閱讀是一件美好的事。

為什麼男生
要在操場打架？

是的，伊內絲，男生很喜歡玩打架的遊戲！不過你知道女生也是這樣嗎？這不是男生專屬的遊戲喔。

男生有時候會因為想成為男人，所以必須變強壯，並去證明自己，所以假裝在打架。

他們喜歡玩戰爭和打鬥的遊戲，他們會模仿電影或漫畫中的英雄人物。他們會用是否有肌肉來衡量自己是不是比對方強壯，當然，他們一定希望自己是最強的！

藉由打架的遊戲，他們會看見自己的能力到哪裡，他們會知道自己的極限，而且學習尊重遊戲規則。

所以，伊內絲，打架並不一定是壞事。

你說看見他們打架會讓你生氣，因為你覺得他們很瘋狂，而且過度興奮。他們還喜歡嚇女生，因為他們很野蠻。

沒錯，他們有時候會太入戲，笨手笨腳傷害到自己或別人。他們會無法控制自己的力氣，這時候就必須要由大人來制止他們，讓他們停下來！

伊內絲，還有一種真正的打架，他們的攻擊性和暴力就不是「假裝」的了。這種情況通常發生在有人覺得自己受到羞辱、被傷害或被背叛，這時的他們已經無法理性對話，第一個反應就是打架。他們無法控制自己的情緒，例如害怕、生氣。

當然，這種打架是禁止的。**無論是小孩還是大人，我們都必須遵守規則讓生活更好，互相尊重，並避免危險。**

螢幕真的會傷害眼睛和大腦嗎？

是的，尼爾森，看太多電腦、媽媽的手機或電視，都會傷害眼睛。你的眼睛會陪著你長大，所以保護眼睛很重要。

螢幕的藍光會讓眼睛感到疲勞，更糟糕的是你可能會頭痛，而且需要戴眼鏡。

花太多時間盯著螢幕是不好的，我知道這很難理解，因為你就是喜歡盯著螢幕看。

但是試著想像一下，你的大腦是一台電視，你可以用遙控器來控制。你決定一直轉台，因為每一台的節目你都想看。你按著遙控器，一台轉過一台，並不是真的想看哪個節目，不停轉台只是想知道哪台是你最喜歡的節目。

你很喜歡一直轉台，因為就像掌握了速度一樣；你忽視周遭發生的一切，時間就這麼過去了。

當你終於放下遙控器的時候，你會覺得頭有點暈，就像剛玩過旋轉木馬！這有時候會讓你覺得既緊張又疲憊。

這時候你需要一點時間來恢復。如果你很常這麼做，你的注意力就會越來越難集中、不能專心，或是脾氣越來越不好。

尼爾森，**凡事過量都是不好的**，就像如果你吃太多巧克力就會肚子痛。在你這個年紀，看螢幕的時間最好每天不要超過一小時，週末最好不要超過兩小時。

　　你還有很多遊戲可以玩，可以去看書、打球、聽音樂、玩積木。**如果你想要使大腦發展得很好，最好每種活動都去做一點。**

喔不！

為什麼
不可以說不好聽的話？

伊朗，我相信你心裡已經有答案了！

我要跟你說一個故事。日本的江本勝博士做過一個實驗，證明我們的思想、情緒和言語，是有能力影響水的變化的，而且我們的身體 60% 是由水所組成。

現在請你來做做看他的實驗：拿出兩個一樣的罐子，把它們洗淨晾乾後，在裡面放入相同分量的米和水（大約罐子的三分之一滿）。在一個罐子外面貼上「我愛你」的標籤，另一個罐子貼上「我恨你」的標籤，然後將它們放在陰涼處。

每天請你的一位家人對「我愛你」的罐子說一句好聽的話，然後對「我恨你」的罐子說一句不好聽的話。請記住，在對罐子說話時念力要很強。

幾個星期後，你會發現每天聽好話的米會越來越漂亮，聽壞話的米則變黑發霉。

這個實驗告訴我們，**說出口的話很重要，因為它會對別人造成影響**。你想要你同學變得像是發霉的米嗎？

對別人說不好聽的話，會給對方帶來傷痛和傷害，而且他們也會用不好聽的話反擊回來。唯一能讓我們從生氣的情緒逃脫出來的方法，就是道歉。

伊朗，我相信你可以做到的！

為什麼爸爸媽媽要打我的屁股？

爸爸媽媽並不想要打孩子屁股，通常是因為他們已經找不到能讓孩子聽話的方法了，覺得這樣是最快讓孩子聽話的方式。

但是爸爸媽媽可能不知道，這會讓孩子害怕，而且孩子無法了解打屁股的意義在哪裡。

瑪莉娜，在法律上打小孩是被禁止的。你的大腦和心都正在成長中，需要的是愛和安全感。

當你被打屁股時，那個感受會烙印在你身體上，沒有人有權傷害別人。

在你的成長過程中，會以爸爸媽媽為榜樣，但是暴力是不可以被當成榜樣的。

當父母是很困難的事情，瑪莉娜，這是一件學校沒教的事，但是你可以幫助他們變得更好。

我建議你拿出勇氣跟爸爸媽媽說這件事。

你可以告訴他們，你被打屁股的感受：這讓你覺得自己很糟糕、覺得丟臉、孤單而且沒有反抗的能力。尤其這會讓你覺得，他們不再愛你了！

當爸爸媽媽罵你的時候，可能會跟你解釋他們為什麼要這麼做、為什麼會生氣，還有生氣之後的感覺。

當我們很生氣的時候，最好去想一些讓自己不生氣的事情。但這個方法不總是行得通，因為**情緒還是會再來，想想看要如何改變它是很有趣的**，或許你們可以找一組暗號來管理情緒。

瑪莉娜，我相信這個方法是可行的，而且你的爸爸媽媽也會理解你。你應該為自己敢說出這樣的事情感到高興。**當事情發生時，能夠向大人說出口，是一件重要的事。**

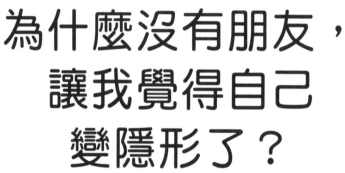

為什麼沒有朋友，讓我覺得自己變隱形了？

泰絲，當你跟好朋友吵架、互相不說話的時候，你就覺得自己變成隱形人了。你覺得他們都不看你，就像你根本不存在一樣。你很難過，覺得朋友不要你了，這讓你感到很孤單。

　　泰絲，首先你要知道，這種吵架通常很快就過去了，只是友情上的一小片烏雲而已。但是重要的是，**你得知道自己確實存在著，你就是你**，沒有人可以對你視而不見。

　　在這種時候，你要覺得自己特別有活力，你可以走進自己的內在花園。那裡有你的思想、你的情緒、你的想像力，還有身體裡的雜音，所有在你身體裡面和你住在一起的東西，都展現出你的獨一無二。

　　你還可以觀察周遭的事物：小鳥、大樹、昆蟲、太陽和風。這時候你就不會覺得孤單，因為你們生活在一起。而且你必須相信，自己是因為父母、兄弟姊妹和其他好朋友而存在。

　　泰絲，**只要有點耐心，所有事情都會過去，時間會改變一切**。就像你每次抬頭看到的天空，都不會是同一個樣子，它可能在早上的時候出太陽而美麗，然後突然暗下來，因為要下雨了。

　　你跟好朋友很有可能隔天就忘記你們在吵架，或覺得事情根本沒那麼嚴重。你們會言歸於好，你也會再一次找回自己的位置。

為什麼我作業不會寫，爸爸還要罵我？

　　麗茲，爸爸生氣的時候，你有什麼感覺？

　　你會有點害怕、感到驚慌失措，然後覺得腦袋一團亂。你會覺得自己是什麼事都做不好的失敗者。你會生爸爸的氣，因為你覺得他常常因為功課而罵你。

　　這種狀態就叫做壓力，爸爸罵你時，你就會感覺有壓力。雖然壓力有很多不同的程度，不過這是正常反應。

　　麗茲，你知道當你有壓力時會發生什麼事嗎？你的大腦會斷電，它需要暫停一下重新找回冷靜。這就是為什麼你會看不懂作業怎麼寫，腦袋一片空白。這時最好是先去做其他事，可以站起來去喝水，或去玩一下，等到放鬆下來再回來做作業。

　　而且爸爸一定是因為工作一整天很累了，所以缺乏耐心。他也需要休息一下避免腦袋過熱！不用懷疑，爸爸一定是覺得對你發脾氣可以讓你有所反應，並能更快把作業做完。這個時候你可以跟爸爸解釋說，這樣只會有反效果。

　　麗茲，**好好跟爸爸說出你的壓力是一件好事情，要讓他知道你的感受**。你或許可以跟爸爸說，放學後要馬上做功課並不是一件容易的事，你需要的是鼓勵與信心。你一定可以把作業做完，只是有時候需要多花一點時間，你的腦袋會重新啟動，也會找回你的思考能力。

　　然後你們可以互相祝賀，頒發最佳爸爸獎和最佳小孩獎給對方！

撒迦利，9歲

為什麼
我們有靈魂？

撒迦利，這是個美麗的問題！你的問題讓我很驚訝，因為你竟然小小年紀就開始思考靈魂的問題。非常有遠見！

　　撒迦利，如果我沒有搞錯，你是在思考為什麼有靈魂？而且靈魂的作用是什麼？答案很複雜，因為有很多種解釋，我們都可以有自己的答案。

　　靈魂可以說是「氣息」、「呼吸」，它代表生命，但沒有形狀，所以我們看不到它。

　　靈魂代表著你自己，不會是其他任何人。是靈魂帶給你情緒和感受，如果只有身體是感受不到這些的。你會笑、會哭、會生氣、會讚嘆美麗的風景，都是因為有靈魂在身體裡。

　　撒迦利，**靈魂有點像你內在的一盞燈，可以指引你走過長長的一生。它會照亮你，並幫你指出該走的路。**

　　我想，是靈魂讓你那雙美麗的眼睛閃閃發光！

為什麼他跟我們長得不太一樣？媽媽說他是唐氏症寶寶

努爾，你同學雨果有唐氏症，你問我為什麼？

那是因為雨果在媽媽肚子裡的時候，在他人生一開始時就有一個細胞是異常的。我們身體裡的每一個細胞都有四十六條染色體，但是他天生多了一條，這種變異稱為唐氏症候群。這不是一種疾病，所以沒有藥可以醫治。

雨果的不同，可以從他的臉和身體看出來，還有他的學習會比較慢，動作也會比較遲緩跟笨拙。

他會口齒不清，不擅長溝通。這是為什麼你們班上除了老

師之外，還有一位女士在旁幫助他。雨果還是可以把事情做得幾乎跟你一樣好，只是他有自己的步調。

　　雨果還有很多優點，你應該有注意到，他是一位熱情的男孩，愛開玩笑，總是很快樂。你可以多跟他學習，就像他也在跟你學習一樣。

　　努爾，**不同是人生的一部分，而且會開啟我們的好奇心，讓我們有多一點的耐心，學習互相尊重，而不是彼此嘲笑。**如果哪天你發現雨果遇到麻煩，你可以挺身而出去幫助他。**多關心別人是很重要的事，從中你會得到更多的快樂。**

奧古塔夫，8歲

時間過得好快，
該如何善加利用呢？

奧古塔夫，過來，把手給我，讓我們一起待在當下，這個時候我們是在一起的。我就在你身邊，而且正在看著你，你閃閃發亮的眼睛讓我想到星星。

當我這麼告訴你的時候，我看到你笑了，讓我也想跟著你一起笑。我感到心裡一陣發熱，也衝著你笑了。在此時此刻，我們都很好。

讓我們好好看看周遭的環境，就好像第一次發現它那樣，例如筆筒、白紙、桌子上的蠟燭。

接著，傾聽自己的呼吸，你要知道我們最好的朋友就是它，從出生起它就守護著我們的生命。

當然，你的大腦總是想要思考其他事情，它就像是一隻蝴蝶，總想要飛翔。你可以溫柔告訴它該飛回來感受呼吸在鼻孔裡進出。

你不覺得時間彷彿靜止了嗎？

因為**現在永遠不會結束，生命就是一連串的當下時刻。如果你能專注在當下，如果你認為現在做的就是人生最重要的事，那麼你就是在好好利用時間了！**去享受吧！

你還對什麼感到好奇呢？
請寫下你的好奇，並去找答案吧！

國家圖書館出版品預行編目 (CIP) 資料

給孩子的解答之書：解開孩子好奇心的 60 個問答 /
卡琳‧西蒙奈 (Carine Simonet) 文；伊莎貝爾‧瑪洛
杰 (Isabelle Maroger) 圖；許少菲翻譯 . -- 初版 .
-- 臺北市：遠流出版事業股份有限公司 , 2021.12
面；　公分
ISBN 978-957-32-9333-0(平裝)

1. 人生哲學　2. 生命哲學　3. 通俗作品

191.9　　　　　　　　　　　110016683

親子館 A5056

給孩子的解答之書：解開孩子好奇心的 60 個問答

作　　者／卡琳‧西蒙奈（Carine Simonet）
繪　　圖／伊莎貝爾‧瑪洛杰（Isabelle Maroger）
譯　　者／許少菲
主　　編／周明怡
封　　面／張天薪
排　　版／陳佩君

發行人／王榮文
出版發行／遠流出版事業股份有限公司
104005 台北市中山北路一段 11 號 13 樓
郵撥／ 0189456-1
電話／ (02)2571-0297　傳真／ (02)2571-0197
著作權顧問／蕭雄淋律師

2021 年 12 月 1 日　初版一刷
2024 年 5 月 16 日　初版二刷
售價新台幣 380 元（缺頁或破損的書，請寄回更換）
ISBN 978-957-32-9333-0
有著作權 ‧ 侵害必究　Printed in Taiwan

yib─遠流博識網

http://www.ylib.com
e-mail:ylib@ylib.com

Les questions, ça fait grandir !: 60 questions d'enfants sur la vie-60 réponses à partager
en famille
by Carine Simonet & Isabelle Maroger
© Larousse 2021
Published by arrangement with Larousse, through The Grayhawk Agency.
Complex Chinese translation copyright ©2021 by Yuan-Liou Publishing Co., Ltd.
ALL RIGHTS RESERVED.